GIULIETTA ESTHEL

64 VOLTE TI AMO

I LOVE YOU 64 TIMES

64 Volte Ti Amo - I Love You 64 Times
Italian/English Text
Bilingual Edition: May 2014
© 2014 Giulietta Esthel
Cover illustration and book design
© Giulietta Esthel
ISBN-13: 978-1499534993
ISBN-10: 149953499X
CreateSpace Independent Publishing Platform

Io rassomiglio il corso perenne dell'acqua al mio amore per te; così, continuo, silenzioso, travolgente, inesauribile.

G. Deledda, Cenere

I am like the constant flow of the water in my love for you; so constant, so silent, so carried away, so inexhaustible.

G. Deledda, Ashes

CONTENTS

p.

10	Introduzione
11	Introduction
14	I MIEI OCCHI
15	MY EYES
20	NERO SU BIANCO
21	BLACK ON WHITE
28	COME EDERA
29	LIKE IVY
40	DA QUEL MOMENTO
41	FROM THAT TIME
46	TRISTANO E ISOTTA
47	TRISTAN AND ISOLDE
62	MI RICORDO DI TE
63	I REMEMBER YOU

76	OLTRE LA NEVE
77	BEYOND THE SNOW
86	UNA MARGHERITA
87	A DAISY
98	AL DI FUORI DEL TEMPO
99	BEYOND TIME
108	IN OGNI ISTANTE
109	AT EVERY INSTANT
116	A PERDIFIATO
117	BREATHLESSLY
130	AMORE CHE NON FUGGE
131	LOVE THAT DOES NOT ESCAPE
136	IL TUO RITORNO
137	YOUR RETURN
146	64 VOLTE TI AMO
147	I LOVE YOU 64 TIMES

Introduzione

Quanto grande può essere l'Amore? Il numero otto, considerato sacro fin dall'antichità, ruotato, diventa simbolo di infinito.

Otto per otto, l'infinito a sé moltiplicato (*64 Volte Ti Amo),* mi è sembrato poter essere la dimensione appropriata per descrivere l'Amore che è, per sua natura, incommensurabile. Esso non ha limiti che sia possibile definire, anche nel tempo *(Mi Ricordo di Te)*. Al suo incontro, un profondo mutamento si determina nell'esistenza (*Da quel Momento)* ed ogni cosa appare sotto una luce diversa, nessuna avversità insormontabile.

La forza che l'Amore può avere, e che l'Amore può dare, è immensa (*A Perdifiato).* E non conosce fine (*Tristano e Isotta*).

G. Esthel

Introduction

How great is Love? The number eight, considered sacred in ancient times, when turned on its side, becomes the infinity symbol.

Eight times eight, infinity multiplied (*I Love You 64 Times*), seems just the right size to describe Love and its immeasurable nature. It does not have any boundaries that define it and time does not limit it (*I Remember You*). When we fall in love (*From That Time*), there is a profound change to our existence and everything appears under a different light. Nothing is insurmountable.

The strength that Love can have and can give is immense (*Breathlessly*). Love knows no bounds (*Tristan and Isolde*).

G. Esthel

64 VOLTE TI AMO

I LOVE YOU 64 TIMES

I MIEI OCCHI

Tu non conosci
i miei occhi
ma se potessi
guardarli
vedresti mari
in tempesta
e il verde tenero
delle colline.

Campi di grano
appena arati
nel sole caldo
dell'estate

MY EYES

You don't know
my eyes
but if you could
see them
you would see
stormy seas
and the tender green
of the hills.

Fields of grains
recently ploughed
under the hot
summer sun

tutto l'azzurro
del cielo
nascosto dentro
i miei occhi scuri
in questi occhi
che non conosci
ci sono migliaia
di aurore
per te
il dolce incendio
d'ogni tramonto
distese immense
bianche di neve
con stelle cadenti
come regalo
e tutti i fiori
che esistono
al mondo.

the blue
of the sky
hidden in these
dark eyes
in these eyes
that you don't know
there are thousands of
dawns
for you
the sweet fire
of every sunset
vast expanses
of white snow
with shooting stars
like a gift
and all the flowers
that exist
in the world.

I nostri occhi
non si sono
incontrati
non ancora
e forse mai
ma se potessero
guardarsi
in un frammento
di questa vita
anche solo
lo spazio
di un sogno
noi ci ameremmo
per sempre.

Our eyes
have not
yet
met
and perhaps never will
but if they could
look at
just
a moment
of this life
also only
in a dream
we would love
each other forever.

NERO SU BIANCO

Ho scritto versi
per te
d'appassionato
amore
per mettermi
tra le tue mani
sfidando
l'eternità.

Quante parole
ed espressioni
come luci
messe in fila

BLACK ON WHITE

I wrote passionate
love
poems
for you
to put me
in your hands
daring
eternity.

How many words
and expressions
like lights
lined up

lungo un sentiero
che porta
nell'immenso
blu
del cielo
tante piccole
stelle
che il filo
invisibile
dell'amore
mantiene insieme
legate
l'una all'altra
come una
costellazione
che ha il tuo nome
quando le leggerai
io sarò
lì con te

along a path
that leads
to the immense
blue
of the sky
among many
small stars
that the invisible
string
of love
keeps together
tied to
one another
like a
constellation
that bears your name
when you read them
I'll be there
with you

niente e nessuno
al mondo
mi potrebbe
distogliere
dal colore del mare
in fondo
ai tuoi occhi
in cui
perdutamente
vago.

Ti sapranno
raggiungere
ovunque sarai
versi d'amore
scritti per te
ad indicarti
la via
dei miei pensieri

nothing and no one
in the world
can
distract me
from the colour of the sea
in the depths
of your eyes
where
lost
I wander.

They will be able
to reach you
wherever you are
love poems
written for you
to show you
the way
of my thoughts

oltre ogni ostacolo
travalicando
il tempo
una parte di me
tutto l'amore
che posso
ti mostreranno
fin dove
può arrivare
il sentimento.

Se li accoglierai
nel cuore
li avrai sempre
con te
eternamente
fedeli
nero su bianco.

beyond every obstacle
overcoming
time
a part of me
all the love
that I can give
they'll show you
how far
my feelings
run.

If you welcome them
in your heart
they will always
be with you
eternally
faithful
black on white.

COME EDERA

Questa passione
non dà pace
cresce
come edera
tenace
sulle pareti
della mia anima
per trattenere
avvinto
il tenero ricordo
delle parole
che ho di te
e che non vuol sbiadire

LIKE IVY

This passion
doesn't let me rest
it grows
like a tenacious
ivy
on the walls
of my soul
to keep
bound
the tender memory
of the words
I have of you
and that cannot fade

nemmeno se fuggissi
per perderne
le tracce
perché è come l'edera
che resta
sempre verde
la mia passione
che non perde
ma prende intensità
e che mi viene
incontro
ancora più potente
che non un uragano
devo tenermi stretto
il cuore
nel mio petto
o lo travolgerà
nel nome dell'amore.

not even if
I run away to lose
every trace of them
because my passion is
like ivy
that remains
forever green
and does not lose
but gains intensity
and comes
to me
even more powerful
than a hurricane
I have to keep
my heart
locked in my chest
or it will be borne away
in the name of love.

E pace
non mi dà
l'ardente desiderio
che sempre
ho di te
quando mi sei
da presso
oppure sei lontano
resiste
anche al vento
di ogni mio tormento
e vince la tempesta
quest'edera fedele
che mi ricopre
il cuore
e pervicacemente
lo tiene incatenato
per sempre
a questo amore.

And my ardent desire
that I always
have for you
does not give
me peace
whether you are
near
or far
it resists
the wind
of my every torment
and weathers the storm
this faithful ivy
that covers
my heart
and obstinately
keeps it chained
forever
to this love.

L'hai seminata tu
e a te
appartiene
quest'edera fedele
che lega
le mie mani
e non la scioglierò
neanche
con il pianto
nulla potrà
la lontananza
innamorati baci
solamente
potranno dare
quiete
a questa anima mia
e tenere carezze
io vorrei

You planted it
and it belongs
to you
this faithful ivy
which ties
my hands
and will not dissolve
even with
my tears
the distance
will do nothing
only
passionate kisses
will give
my soul any
peace
and tender caresses
I would like

che fossero
per me
dalle tue mani
così che insieme
all'edera
sorrisi
sbocceranno
e ci saranno
fiori
tra di noi
saranno rose rosse
e tulipani.

that were
for me
from your hands
so that along
with the ivy
smiles
will bloom
and there will
be flowers
among us
they will be tulips
and red roses.

L'edera è uno dei simboli arcaici di Dioniso che, in greco, veniva indicato anche con il nome stesso di questa pianta vigorosa e sempreverde.

Associata anche a Bacco, l'edera divenne simbolo di bruciante passione. Nel linguaggio dei fiori essa esprime l'attaccamento e la fedeltà tra innamorati per il modo in cui i rami si cingono tenacemente agli alberi; le rose rosse e i tulipani rappresentano il vero amore.

Ivy is one of the ancient symbols of Dionysus that, in Greek, is the name of this vigorous, evergreen plant.

Associated with Bacchus, ivy has become a symbol of burning passion. In the language of flowers, it represents attachment and loyalty between lovers because of the way its branches cling to trees; the red roses and tulips represent true love.

DA QUEL MOMENTO

Forte
come la morte
è l'amore
non guarda in faccia
a nessuno
e non conosce
ostacoli
dritto
per la sua strada
al di sopra
d'ogni canone
di opportuna
convenienza.

FROM THAT TIME

Love is
strong
like death
it doesn't look
anyone in the face
and does not know
any obstacles
right
in its path
beyond
any canon
on appropriate
convenience.

All'inizio
un po' per caso
quasi
inconsapevolmente
trovarsi
a intersecare
un'altra esistenza
lanciare un sasso
in fondo a un lago
e star lì a guardare
i cerchi
che si allargano
nell'acqua
senza vedere
un'apparente
conseguenza
invece nulla
sarà mai più
come prima

In the beginning
a little by chance
almost
unknowingly
we find ourselves
interacting
with another existence
tossing a stone
to the bottom of a lake
and standing there to look
at the ripples
that spread out
over the water
without seeing
any apparent
consequence
but instead
nothing will ever be
like it was before

e l'altra vita
fa parte già
della mia
chissà se capirò
le tue abitudini
ora che la felicità
per me
soltanto si misura
sulla tua.

Esattamente
non so
da quando
ma da quel momento
in cui
io è diventato
noi
e tu più importante
di me.

and another life
is already part
of mine
who knows if I'll understand
your ways
now that happiness
for me
is measured only
through yours.

I don't know
exactly
since when
but from the time
when
I become
us
and you more important
than me.

TRISTANO E ISOTTA

Dormiamo insieme
sotto questo cespuglio
di rose
l'uno
accanto all'altra
avvinti ancora
nell'eternità
dell'anima
come questi rami
intrecciati
tanto stretti
che non li si può
dividere

TRISTAN AND ISOLDE

We sleep together
under this bush
of roses
one
next to the other
wrapped together
for the soul's
eternity
like these interwoven
branches
so close
that they cannot be
separated

e se recisi
senza pietà
da una crudele mano
sempre
ricresceranno
e ancor
più vigorosi
protesi
gli uni agli altri
come le braccia
smaniose
degli amanti
che mai si saziano
di quel calore
così dolce
tanto più forte
e più tenace
dell'umana fragilità

and if mercilessly
cut
with a cruel hand
they will always
grow back
and even
more vigorously
bend
towards each other
like the wishful
arms
of lovers
that can never be satisfied
by that sweet
warmth
much stronger
and more tenacious
than human fragility

perennemente
a ritrovarsi
ed ogni volta
con rinnovato
ardore
sopra di noi
che siamo qui
senza più niente
ormai
se non il nostro amore.

Ancora sono
i nostri spiriti
colmi di tenerezza
come i nostri cuori
quando ti trovai
giacente
sulla riva

and they perennially
meet again
and each time
with renewed
ardour
above us
that we are here
with nothing else
at this point
but our love.

Our spirits
are still
full of tenderness
like our hearts
when I found you
lying
on the shore

al pari
di un tesoro
portato lì
dal mare
eri ferito tu
ed indifeso
la mani mie
a soccorrerti
ed i tuoi occhi
miei per sempre.

Mio valoroso eroe
splendente
di coraggio
e di cotanto ardore
da non temere
nessuno scontro
né alcuna guerra

like a treasure
carried there
by the sea
you were hurt
and defenceless
my hands
helped you
and your eyes
were mine
forever.

My valiant hero
resplendent
with courage
and so much ardour
without fear
of any battle
or any war

solo

sei stato vinto

dall'inganno

di chi mentendo

ti fece credere

t'avessi

abbandonato

al tuo destino

mentre io

cercavo

di raggiungerti

né mai

avrei potuto

mio amato

mio amatissimo

lasciare

inascoltato

il tuo richiamo.

only
you were overcome
by the deceit
of who by lying
made you think
that I had
abandoned you
to your fate
while I
tried to
reach you
because I could
never
my love
my beloved
leave
your call
unanswered.

Non sei sopravvissuto
a quel dolore
ed io con te
perdute ormai
le nostre anime
al pari
di due zattere
lasciate andare
alla deriva.

Ma ora
che lontano
ogni dolore
abbiam lasciato
dietro
a separarci
nulla
potrà più essere

You didn't survive
that pain
and me neither
our souls
now lost
like
two rafts
left to
drift.

But now
that any pain
we left
behind us
is far away
nothing
can separate us
anymore

resta soltanto
il nostro amore
vincente
ed invincibile
tanto splendido
adesso
come mai nella vita
trionfante
nel buio
di questa eterna notte
come un tripudio
di stelle
che va cedendo
il passo
alla nascente aurora.

only our love
remains
winning
and invincible
so splendid
now
like never
in our life
triumphant in the dark
of this eternal night
like a triumph
of stars
that is giving
way
to the rising dawn.

Gravemente ferito, Tristano chiede di vedere Isotta e nel caso lei accetti, sulla sua nave verranno issate vele bianche. Isotta parte, ma la sposa di Tristano riferisce per gelosia che le vele sono nere. Tristano allora, credendosi abbandonato, muore; ed Isotta, giunta ormai troppo tardi, si spegne a sua volta per il dolore.

La struggente storia d'amore di Tristano e Isotta ha ispirato, dal Medioevo, numerose opere. Intorno ad essa si sono sviluppate anche molte leggende, come quella di origine celtica che li vuole sepolti insieme sotto una grande pianta di rose. I rami dell'arbusto, che veglia il sonno dei due amanti, si intrecciano tra loro in modo tale che non si riesce a separarli e, se tagliati, essi riscrescono in eterno. Evidente metafora della sopravvivenza dell'Amore alla morte, questa è l'immagine con la quale ho scelto di rappresentarli.

Seriously injured, Tristan asked to see Isolde. If she agreed, white sails would be hoisted on the ship.

Isolde left, but Tristan's jealous bride told him that the sails were black. Tristan, believing that he was abandoned, died and Isolde, who arrived too late, died from the pain.

The overwhelming story of Tristan and Isolde inspired many works from medieval times. It led to many legends. One, a Celtic story, told that they were buried together under a large rose bush. The branches of the bush, which watched over the lovers' eternal sleep, became intertwined so that it was impossible to separate them and, if cut, they grew back.

It is clearly a metaphor for Love, which survives death. This is the image that I chose to represent them.

MI RICORDO DI TE

Io ti ho già
conosciuto
mi ricordo
di te
deve essere stato
in chissà
quale luogo
forse molto lontano
e non so
neanche quando
posso dirti
soltanto
e con tutta certezza

I REMEMBER YOU

I have already
met you
I remember
you
it must have been
who knows
where
perhaps far away
and I don't even
know when
I can just tell
you
with certainty

che fai parte
di me
dal momento
che esisto.

Le anime sono
al di sopra
del tempo
e si ritrovano
sempre
io ti ho cercato
accarezzato
nei miei sogni
più belli
ho pianto molto
di nostalgia
nell'attesa
di te

that you have been part
of me
since the moment
I began to exist.

Souls are
beyond
time
and they will always
find each other
I looked for you
caressed
by my most beautiful
dreams
I cried from
the nostalgia
of waiting for
you

in questa vita
e forse
in altre
mi chiedevo
la ragione
di quel tenero
tormento
che ha sempre
accompagnato
le stagioni
del mio cuore
fino a quando
nella mente
tutto è stato
netto e chiaro
non ti ho
mai
dimenticato.

in this life
and perhaps
in others
I was wondering
the reason why
that tender
torment
always
accompanied
the seasons
of my heart
until
everything
was clean and clear
in my mind
I never
forgot
you.

Sono le anime
eterne
e attraverso
il tempo
si ricongiungono
sempre
mi ricordo
di te
da chissà
quale vita
ti conosco
lo sai
non ci sono segreti
sorrisi occhiate
ammiccamenti
quei gesti semplici
in cui siamo
complici

Souls
are eternal
and through
time
they always
rejoin each other
I remember
you
from who knows
what life
I know you
you know
there are no secrets
every smile
look or wink
these simple gestures
where we are
complicit

i baci teneri
e quelli ardenti
tutto quanto
fa di noi
le due metà
di una stessa
persona.

Mi ricordo
di te
ti devo avere
amato sempre
per tante volte
se le ho vissute
e come avrei
potuto
dimenticarmi
di te

tender and
ardent kisses
everything
that makes us
the halves
of the same
person.

I remember
you
I must have
loved you forever
for as many times
as I have lived
and how could
I have
forgot
you

le tue carezze
al tramonto
come avrei fatto
senza di te
ad arrivare
fino ad oggi
tra guerre
e carestie
bandiere ed urla
sempre diverse
che non ricordo
più
da quale parte
combattevo
e nel dolore
di malattie
dure nel fisico
e nel cuore.

your caresses
at sunset
how could I have
got to this point
today
without you
among the wars
and famines
always different
flags and screams
so that I no longer
remember
which side
I was fighting for
and into the pain
of diseases
heavy in my body
and in my heart.

Come avrei fatto
a sopravvivere
per tutto
questo tempo
senza
il tuo amore.

How could I have
survived
all this
time
without
your love.

OLTRE LA NEVE

Torna da me
ritorna
attraverso il tempo
che si stende
indefinito
tra di noi
e questo spazio vuoto
che ci separa
con il tuo viso
colma
prima
che il mio pianto
ivi scorra

BEYOND THE SNOW

Come back to me
come back
over time
that extends
indefinitely
among us
and this empty space
that separates us
you fill
with your presence
before
my tears
flow there

perché i miei occhi
piangono
se penso a te
lontano.

Cade la neve
nei miei sogni
si adagia
sui ricordi
di quell'inverno
quando eravamo noi
sotto quel cielo
bianco
di magici silenzi
e d'allegria
dove sembrava
eterna
quella realtà

because my eyes
are crying
if I think
you are away.

The snow falls
in my dreams
it lies down
on my memories
about that winter
when we were
under that sky
so white
of magic silences
and joy
where those moments
seemed
eternal

e i giorni
passavano veloci
d'amore rivestiti
e freschi
di speranza
così innocente
e pura
come la neve bianca.

Tutto finisce
tutto
in questo tempo
e spazio
che come un labirinto
ci circonda
dunque
è la verità
una crudele legge

and the days
passed quickly
covered with love
and fresh
with that hope
so innocent
and pure
just like the white snow.

Everything ends
everything
in this time
and space
that like a maze
surrounds us
so
it is the truth
a cruel law

oppure
solamente
un sordido inganno
teso a spezzare
il cuore
nell'infelicità.

Torna da me
fa' che ti veda
oltre la neve
e il tempo
fa' che ti abbracci
col vento
tra i capelli
che porta
il tuo sorriso
e candide farfalle
intorno a me

or it is
only
a deceiving trick
aimed at breaking
the heart
of unhappiness.

Come back to me
show yourself
beyond the snow
and time
let me embrace you
with the wind
in my hair
that brings
your smile
and white butterflies
around me

fa' che mi trovi
ancora
in quel grigiore chiaro
come i tuoi occhi
dove mi perderei
sparendo
nella nebbia
senza voltarmi mai.

please let me
be again
in that clear grey
like your eyes
where I would get lost
disappearing
in the fog
without ever turning around.

UNA MARGHERITA

Cosa nascondi
tra quelle nuvole
che passano
leggere
nei tuoi occhi
e tanto amo.

Le vedo a volte
volare
all'improvviso
come segnali
di fumo
indirizzati al cuore

A DAISY

What are you hiding
among those clouds
that gently
pass
through your eyes
and I love so much.

I sometimes see
them fly
unexpectedly
like smoke
signals
for the heart

stormo
d'aironi selvaggi
braccati
dal cacciatore
che vanno via
veloci
per rifugiarsi
dietro le ciglia
te lo domanderei
per trattenerti
ancora
quando volti
i tuoi passi
e ti allontani.

Un dubbio forse
si può celare
in quei tuoi occhi

a flock
of wild herons
chased
by the hunter
that fly away
quickly
to hide behind
your eyelashes
I would ask you
to hold yourself back
again
when you take
your steps
and walk away from me.

Perhaps a doubt
is hidden
in your eyes

così belli
non lo diresti mai
per discrezione
o per orgoglio.

Per sciogliere
il dilemma
alle tue mani
eleganti
un fiore porgerei
con fare malizioso
abbasserei
lo sguardo
e ti sorriderei
in quel gioco
delizioso
che conoscono
gli amanti

so beautiful
you would never admit it
because of your discretion
or your pride.

To resolve
the dilemma
your elegant
hands
I would offer a flower
in a mischievous way
looking down
to you
and I would smile
at this delicious
game
that lovers
know

ed essere vorrei
quella tenera
corolla
che tieni
tra le dita.

Una piccola
margherita
che di semplicità
ha fatto
la bellezza
nel bianco
mio splendore
sarei
come una stella
caduta
giù dal cielo
sulla terra

and I wish to be
that tender
corolla
that you hold
between your fingers.

A small
daisy
that from simplicity
has made
its beauty
in my white
splendour
I would be
like a star
falling down
from the sky
to the earth

per vivere
la vita
accanto a te
nel prato
sempreverde
dell'amore.

Sarei una margherita
di petali infiniti
in quel gioco
delizioso
da eterni innamorati
a chiederci
per sempre
mi ami oppure no.

to live
my life
next to you
in the evergreen
meadow
of love.

I will be a daisy
with infinite petals
in that delightful
game
of forever lovers
who endlessly
ask each other
you love me or love me not.

La margherita è un fiore che cresce spontaneo nei prati e nei boschi radi. Spontaneità è uno dei suoi significati, insieme a semplicità, bontà e purezza; è simbolo di amore fedele.

Secondo una diffusa tradizione popolare, è usata per domandare "Mi ama o non mi ama", sfilando uno ad uno i petali del fiore, finché l'ultimo petalo fornisce la risposta al quesito. Ciò viene descritto nel celebre Faust *di Goethe, nel quale la giovane Margherita sfoglia un fiore con il suo stesso nome, chiedendo se Faust la ama oppure no.*

The daisy is a flower that grows spontaneously in fields and sparse woods. Spontaneity is one of its meanings, along with simplicity, goodness, purity. It is a symbol of infinite love.

According to widespread popular tradition, it is used to ask 'He loves me, he loves me not', as the asker pulls off petals until the last remaining petal answers the question.

This is described in the famous Faust *by Goethe, where the young Gretchen pulls off the petals of a daisy, asking if Faust loves her or not.*

AL DI FUORI DEL TEMPO

Tenerezza struggente
nelle notti
d'estate
quando da poco
è finita
primavera
quasi malinconia
nell'aria
si respira
insieme
alla fragranza
dei fiori
addormentati.

BEYOND TIME

Poignant tenderness
of the summer
nights
when
spring
just ended
any melancholy
we breath
in the air
together with
the fragrance
of sleeping
flowers.

Astri nel cielo
riflessi
sul mare
come fari lontani
che stiano
ad illuminare
la via
agli innamorati
tutto tace
a quest'ora
di blu profondo
e parla il cuore
soltanto.

Risponde
il vento
percettibile
appena

Stars in the sky
reflected
on the sea
like distant lighthouses
that help
illuminate
the way
to lovers
everything is quiet
at this hour
in the deep blue
and only the heart
speaks.

Barely
perceptible
answers
the wind

si muove piano
senza rumore
carico di ricordi
e di promesse
d'amore
rispondono
le onde
mentre invoca
il tuo nome
mormorando
sommesse
ad intervalli
uguali
come fossero
una nenia
a propiziare
il sonno
e lentamente sfuma
tutto il mondo.

it moves slowly
without noise
full of memories
and promises
of love
the waves
answer
while your name
is invoked
murmuring
softly
at equal
intervals
as if they were
a dirge
to make me
sleepy
and slowly
all the world shades.

Che belli
quei momenti
di serenità perfetta
quando l'anima
s'affaccia ai sogni
con il viso
di chi ama
impresso
nei suoi occhi
pare
in quell'estasi
di sentimenti
d'esser sospesi
tra le braccia
del mare
ma tanto in alto
da sfiorare
le stelle

How lovely
those moments
of perfect serenity
when the soul
peers at dreams
with the face
she loves
burned
into his eyes
in this ecstasy
of emotions
I feel as though I were
suspended between
the arms
of the sea
but high in the sky
so that I could
touch the stars

semplicemente
allungando
le dita
dolcemente
cullati
al di fuori del tempo
tra il più dolce
pensiero
e un'aurora infinita.

by just
laying hands
on them
so gently
cradled
beyond time
among the sweetest
thought
and an infinite dawn.

IN OGNI ISTANTE

Luce nel buio
la tua voce
per me
in ogni istante.

Riferimento
certo
in ogni circostanza
oasi nel deserto
quando ho sete
d'amore
morbida culla
dei miei desideri

AT EVERY INSTANT

Light in the dark
your voice
for me
at any instant.

A certain
reference
under every circumstance
an oasis in the desert
when I am thirsty
for love
the gentle cradle
of my desires

dolce richiamo
per i miei sensi
la melodia
con cui mi parli
diventa musica
che esalta
l'anima
d'una perfetta
armonia.

Belle
le tue labbra
quando ti vedo
parlare
e come son belli
i tuoi occhi
da spezzarmi
il cuore

sweet attraction
for my senses
the melody
of your voice
becomes music
that elates
my soul
to a perfect
harmony.

Your lips
are beautiful
when I see you
speak
and your eyes
are so beautiful
as to break
my heart

mentre ascolto
la tua voce
e la sento cara
come nient'altro
al mondo
potrei avere
neanche solo
immaginare.

Stella polare
le tue parole
per me
segnano
la direzione
in cui
ti posso trovare
faro
che splende
in ogni tempesta

while I listen to
your voice
and I find it lovely
like nothing else
in the world
that I could not have
even
imagined.

North star
your words
for me
point out
the direction
where
I can find you
a lighthouse
that shines
in any storm

e nella nebbia
più fitta
che io dovessi
incontrare
mi porterebbero
sempre da te.

In ogni istante.

and through
the thickest fog
that I have ever
seen
they would always
bring me to you.

At every instant.

A PERDIFIATO

Più veloce
del vento
correrò
a perdifiato
e ringrazierò
il Cielo
che la vita
ti ha dato
perché ti amo
ti amo
ti amo
su
tra le nuvole

BREATHLESSLY

Faster than
the wind
I will run
breathlessly
and will thank
Heaven
that gave you
life
because I love you
I love you
I love you
and up
among the clouds

volerò
all'infinito
me ne andrò
all'impazzata
nel bel mezzo
del cielo
traiettorie
incredibili
con i miei sentimenti
io vi descriverò.

Scriverò
il tuo e il mio nome
con la scia
delle stelle
un grandissimo
cuore
con migliaia
di farfalle

I will fly
to infinity
I will go
like crazy
in the middle
of heaven
and incredible
trajectories
I will trace there
with my feelings.

I will write
your name and mine
with the trail
of the stars
an enormous
heart
with thousands
of butterflies

e di baci e carezze
un'intera galassia
tutto recapitato
ad un passo
da te.

E poi
senza fermarmi
al di sopra
del mare
con le mani
e le braccia
tra le onde
e i gabbiani
io sorriderò
al mondo
senza giustificarmi
del mio amore
profondo.

and kisses and caresses
an entire galaxy
everything brought
just a step
near to you.

And then
without stopping
above
the sea
with my hands
and my arms
among the waves
and the seagulls
I will smile
at the world
without justifying
my love
so profound.

Una luce abbagliante
si vedrà
all'improvviso
ed io su
tra le nubi
salirò
con il vento
avrò l'eternità
che mi sfiora
la pelle
come un ottovolante
passerò
tra le stelle
scalerò le montagne
per gridare
il mio amore
sopra sassi
taglienti

Suddenly
a shining light
will appear
and I will rise
amongst
the clouds
with the wind
I will have eternity
that caresses
my skin
like a roller coaster
I will pass
among the stars
I will scale mountains
to yell
my love
on sharp
rocks

senza farmi
alcun male
griderò
il tuo e il mio nome
andrò
in capo al mondo
e ringrazierò
il Cielo
del mio amore
profondo.

Salirò a perdifiato
per sfiorare
il sole
solo
per farti avere
un messaggio
d'amore

without hurting
myself
I will yell
your name and mine
I will go
to the end of the earth
and will thank
Heaven
for my love
so profound.

I will climb
breathlessly
to touch the sun
just
to give you
a message
of love

un prodigio inatteso
senza fare rumore
si verificherà
si vedrà
giù dal cielo
come da un girasole
una pioggia
di baci
e di petali gialli
come oro
nell'aria
lentamente cadrà.

Una luce mai vista
nel comune stupore
scenderà
straordinaria
porterà via
il dolore

unexpected a wonder
without sound
will occur
and will come
from the sky
as it were a sunflower
many kisses
in a shower
yellow petals
will slowly fall
in the air
like gold.

A never seen light
in collective surprise
extraordinarily
will come down
and will remove
every pain

e se anche
i tuoi occhi
con la stessa domanda
scruteranno
nel blu
senza dire parola
sappi allora
mio Amore
che è tutto
per te
quella luce
che vedi
è il mio cuore
che vola.

Perché ti amo
ti amo
ti amo.

and even if
your eyes
delve
into the blue
with the same question
without saying a word
you know that
my Love
is everything
for you
that light
that you see
is my heart
which flies.

Because I love you
I love you
I love you.

AMORE CHE NON FUGGE

E quale prezzo
pagherei
pure di avere te?

Che posso dire
il cuore
l'anima
e i suoi tormenti
teneri sentimenti
ed infinito amore.

Quanto ho pagato già
e quanto pagherò
per ogni sguardo dato

LOVE THAT DOES NOT ESCAPE

What price
would I pay
to have you?

What can I say
the heart
the soul
and its torments
tender sentiments
and infinite love.

How much have I already paid
and how much will I pay
for every look

perché ho desiderato
di averti
accanto a me
ho dato lacrime
e notti insonni
spese
a pensare a te
sono colpevole
sì
di questo grave
reato
d'avere il cuore
innamorato
a quale prezzo
non so
se dovrò piangere
spero non troppo
ma non dirò
di no.

because I wanted
to have you
next to me
I shed tears
and spent
sleepless nights
thinking of you
yes
I am guilty
of this serious
crime
of having my heart
in love
I don't know
what price
if I have to cry
I hope not too much
but I will not say
no.

Non torna indietro
il vero amore
e non si volta
e fugge
non volterebbe
le spalle
per qualsivoglia
ragione
ti resterebbe fedele
e tale ti resterà
spero ad un prezzo
non troppo caro
ma io comunque
rimango qua
perché non fugge
questo mio amore
non volterebbe
le spalle
e ad ogni costo
non lascerebbe
il tuo cuore.

True love
cannot go back
and it doesn't turn
and escape
it would not
turn its back
for any
reason
it would remain faithful
and this will remain
at a price I hope
is not too high
in any case
I will stay here
because my love
does not run away
it does not turn
its back
and would not leave
your heart
at any cost.

IL TUO RITORNO

Ti parlo spesso
durante
la tua assenza
è l'anima che cerca
il tuo contatto
seppur distanti
si sentono
gli amanti
di giorno
e anche di notte
frasi dolcissime
sussurra
il cuore

YOUR RETURN

I frequently talk with you
during
your absence
it is the soul that looks
for your contact
even if distant
Lovers
feel
all day
and night too
many sweet phrases
the heart
whispers

non ho provato mai
quello che sei
per me
in tutta la mia vita
se tu mi ascolti
sai quante volte
qualsiasi bene
si possa avere
chiedo per te
e cerco sempre
parole nuove
perché tu legga
nel mio amore.

Forse tu vedi
che non m'arrendo
a questo tempo
che ci separa

I have never felt
in my life
what you are
for me
if you listen to me
you know how many times
anything good
can occur
I ask for you
and I always look for
new words
so that you can read
my love.

Perhaps you see
that I'm not surrendering
to this time
that separates us

drago crudele
dai lunghi artigli
con cui rubare
i sogni
fa sanguinare
il cuore
ma forse un giorno
benediremo
la lontananza
che ci ha tenuti
uniti.

Quando saremo
insieme
comprenderemo
questa fortuna
più forte
del dolore

a cruel dragon
with long nails
that it uses to steal
dreams
makes hearts
bleed
but perhaps one day
we'll bless
the distance
that has kept
us together.

When we are
together
we'll understand
this fortune
because stronger
than pain

è stata la speranza
la nostra sofferenza
è stata solo amore.

Ti vedo spesso
quando
non sei con me
mi appari
all'improvviso
vedo il tuo viso
sul mio orizzonte
se tu mi vedi
sai che percorro
i tuoi itinerari
chiedendomi
di te
sai che io aspetto
il tuo ritorno

was hope
our suffering
was only love.

I see you often
when
you are not with me
you suddenly
appear
I see your face
on my horizon
If you see me
you know that I travel
your paths
by asking myself
about you
you know that I am waiting
for your return

e che sorrido
al mondo
quando ti vengo
incontro
come volassi
sopra un tappeto
di petali di fiori.

E invece quando
torni via
son luci spente
dopo la festa
se tu mi senti
allora sai
che piango già
di nostalgia.

and that I smile
at the world
when I'm coming
toward you
as I'm flying
on a carpet
of flower petals.

But when you
come back
is like the lights out
after a party
if you hear me
then you know
that I am already crying
from the nostalgia.

64 VOLTE TI AMO

Cullato
in superficie
tra i flutti trasparenti
dell'amore
va il mio sentire
come un messaggio
chiuso in bottiglia
mandato
con speranza
da mani
ardimentose
di chi
è naufragato

I LOVE YOU 64 TIMES

Cradled
to surface
between the transparent
waves of love
my feelings travel
like a message
closed in a bottle
hopefully
sent
from daring
hands
of who was
shipwrecked

nell'infinito mare
del dolce sentimento
perché
di quel tormento
non può restare
senza.

Un solo foglio
racchiuso dentro
e poche le parole
contenute
soltanto due
ma non da sole
per molte volte
ripetute
è scritto
t'amo
soltanto questo

in the infinite sea
of sweet sentiment
because
he couldn't live
without
that torment.

A single sheet
closed inside
and the few words
written there
are only two
but not alone
they are many times
repeated
I wrote
only
I love you

quello che è
il vero
significato
di tutto ciò
che ho detto
qualsiasi mia
espressione.

Sessantaquattro
volte
ti ho scritto
per passione
dicendoti
che t'amo
e t'amerò
per sempre
sessantaquattro
sembra perfetto

that is
the true
meaning
of everything
that I said
of all
my expressions.

Sixty-four
times
I wrote it
out of passion
telling you
that I love you
and I will love you
forever
sixty-four
seems perfect

otto per otto
lo devi ricordare
il numero infinito
a sé moltiplicato
così l'amore
nel mio cuore
è l'infinito
al quadrato
la giusta
dimensione
che possa misurare
l'immensità
del mare
in cui felicemente
s'è perduto
da quando è
innamorato.

eight times eight
you should remember
the infinity number
itself multiplied
so my love
in my heart
it is the infinity
squared
the right
dimensions
to measure
the immensity
of the sea
where he is
happily lost
since he
fell in love.

Sessantaquattro
volte
ti amo
sono soltanto
fino a qui
tutte le altre
sono in un libro
ancora tutto
da scrivere.

I love you
sixty-four
times
it's only
till now
all the others
are in a book
that has yet
to be written.

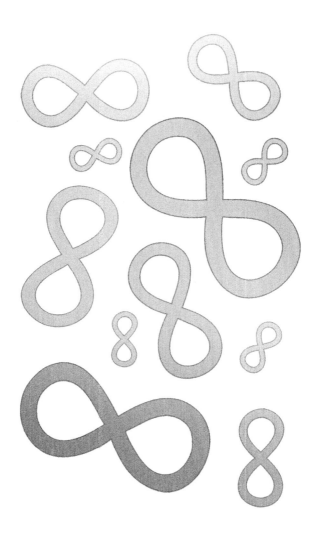

Printed in Great Britain
by Amazon